惠存

남계

저자 정희순

# 내가 살던 그곳은

### 내가 살던 그곳은

2025년 9월 26일 제 1판 인쇄 발행

지 은 이 ｜ 정희순
펴 낸 이 ｜ 박종래
펴 낸 곳 ｜ 도서출판 명성서림

등록번호 ｜ 301-2014-013
주    소 ｜ 04625 서울시 중구 필동로 6(2층·3층)
대표전화 ｜ 02)2277-2800
팩    스 ｜ 02)2277-8945
이 메 일 ｜ msprint8944@naver.com

값 10,000원
ISBN 979-11-7439-037-0

※ 본 책의 구성 및 맞춤법, 띄어쓰기는 작가의 의도에 따랐습니다.
※ 이 책의 저작권은 저자와 도서출판 명성서림에 있습니다.
※ 이 책 내용의 일부 또는 전부를 재사용하려면 반드시 저자와
   도서출판 명성서림의 동의를 얻어야 합니다.
※ 무단 전재 및 복제를 금합니다.
※ 파본은 바꾸어 드립니다.

# 내가 살던 그곳은

### 정희순 25번째 작품
### 제5시집

도서출판 명성서림

## 5번째 시집 머리말 ♥

둥근 해가 떴습니다.

2025년도의 둥근 해가 떴습니다.
날마다 뜨고 지는 해 이지만 하루도 똑같은 모양으로 뜨지 않습니다. 날마다 새로운 모습으로 떠오르기에 새롭고 생기가 넘쳐 해에게 좋은 기운을 받습니다.

강하게 퍼지는 햇살 받으며 산책하러 길을 나섭니다. 걷다보면 갈래 길을 만납니다. 어디로 가야 할지 망서려 집니다. 새로운 길을 가려다가 익숙한 길로 발걸음을 옮깁니다. 나의 뇌는 길들여 진 길을 좋아합니다. 편하기 때문일 겁니다.

2025년도에는 새로운 길을 가보렵니다. 도전을 해보렵니다. 내 어깨에는 아직도 삶의 무게가 있습니다. 그 무게를 줄이는 방법은 날마다 길을 걷고 그 무게를 덜어 내는 것입니다.

가능한 새로운 길을 걸으며 새로운 기를 받아야만 힘이 솟기에
오늘도 즐거운 걸음으로 길을 나섭니다.

걷다보면 많은 사람을 만납니다. 그들에게 미소를 보냅니다. 생긋
웃어주기도 합니다. 그러다보면 엔돌핀이 솟아나 도미노현상으로
모두 웃습니다. 오늘도 우주 속에서 싱그러움을 찾았습니다.
이 기운을 한 해 동안 가져가렵니다. 이제 시작입니다.

2025년도 작가가

# 차례

머리말      4

## 1 나하나 쯤이야

너였으면 좋겠어      12
가지고 싶다네      14
고향      15
그저 미소만      16
나하나 쯤이야      17
낙타를 타고      18
내가 하고 싶은 일      19
라테는 말이야      20
마지막 홍시      22
학 같은 어머니      23
어느 길로 와도 봄      24
시골 평상      25
달 집 태우기      26
할미꽃      28
마음 밭      29
세상에서 가장 아름다운 것      30
아이 같은 남편      31
올 다 옳다 아니다 아니다하라      32
소나무의 가치      34
한 잎 낙엽      35
선생질      36

## 2 아름다운 사람

| | |
|---|---|
| 마음의 집 | 40 |
| 우와 할머니라고? | 42 |
| 갑진년 새해 | 44 |
| 거짓말 | 46 |
| 수우미양가 중에서 | 48 |
| 아름다운 사람 | 50 |
| 단풍잎 공원 | 51 |
| 비교 | 52 |
| 아군과 적 | 54 |
| 예민한 사람 | 55 |
| 공평은 어디로 | 56 |
| ㅁ이라는 글자 | 58 |
| 집 생일 | 60 |
| 사랑은 | 61 |
| 존재의 가치 | 62 |
| 같은 날 같은 시간은 없다 | 64 |
| 풍경 | 65 |
| 처덕처덕 | 66 |
| 투 플러스 원 | 68 |
| 그런 거 안해 | 70 |
| 물감 훔치기 | 71 |
| 비타민 위로 | 72 |

## 3 수구레국밥

| | |
|---|---|
| 물 절약 | 74 |
| 미련 | 75 |
| 손 편지 | 76 |
| 쓰리 꾼 | 78 |
| 연 날리기 | 80 |
| 밝은 색이 좋아 | 82 |
| 집이 참 좋다 | 84 |
| 콩깍지 | 85 |
| 향기와 향기 | 86 |
| 삼행시 | 88 |
| 수구레국밥 | 90 |
| 할머니와 엄마의 차이 | 91 |
| 애기 똥 풀 | 92 |
| 이래라 저래라 | 93 |
| 약속 | 94 |
| 여름 꿀잠 | 96 |
| 추억은 | 98 |
| 치사 해 치사해 | 99 |
| 하 지마 하 지마 나 한테 | 100 |

## 4 내가 살던 그곳은

| | |
|---|---|
| 인생 3막 7장 | 104 |
| 내가 살던 그곳은 | 106 |
| 추억의 산물 | 108 |
| 아유 저 고집 | 110 |
| 내 몸은 리모델링 중 | 112 |
| 연기속의 탄소들 | 113 |
| 낙엽의 철학 | 114 |
| 비오는 날의 연가 | 115 |
| 노년의 길 | 116 |
| 버리리라 | 118 |
| 부지런해라 | 119 |
| 베게의 사랑 | 120 |
| 광양매화 | 121 |
| 시대적 오류 | 122 |
| 희망 살리기 | 124 |
| 농사를 지어보니 | 125 |
| 이렇게 좋은 것을 | 126 |
| 구두를 사러 | 128 |

## 5 바람 불어 좋은 날

| | |
|---|---|
| 3월의 바람과 불꽃 | 130 |
| 거울보기 | 132 |
| 귀소 본능 | 133 |
| 길가의 질경이 | 134 |
| 나도 한 때는 | 135 |
| 나만의 기념일 | 136 |
| 3부작 | 138 |
| 내 친구 명숙이 | 140 |
| 똑똑 바보 | 142 |
| 정주지 말자 | 144 |
| 목소리가 크다네 | 146 |
| 바람 불어 좋은 날 | 148 |
| 얼마를 더 살아야 | 149 |
| 새들의 새벽 | 150 |
| 자기자랑대회 | 152 |
| 자화상 | 154 |
| 지나고 보니 | 155 |
| 흔들려보자 | 156 |
| 가족 사진 | 157 |

# 1

## 나하나 쯤이야

## 너였으면 좋겠어

아무 때고 전화하면 반갑게 받아주고
따뜻한 미소로 마음을 살펴주는
말없이 등 다독이며 어려움 헤아리고
마음이 외로울 때 허물없이 만나주는
그런 친구가 너였으면 좋겠어.

너의 위로가 필요하다면
맨발로 뛰어나와 내 말 들어주는
날마다 일어나는 일들을 사건삼아
시시콜콜 열을 내며 세상 바꿔보자
토론하는 그런 친구가 너였으면 좋겠어.

네 기쁨이 나의 기쁨이고
나의 슬픔이 너의 슬픔이 되어
서로 가슴 아파 할 수 있는
흘리는 눈물 귀하게 생각하며
울어주는 그런 친구가 너였으면 좋겠어.

눈빛만 보아도 고통을 알며
짐이라 생각하면 같이 들어주는

손 잡아주고 마음 다해 기도해 주는
그 무엇과도 바꿀 수 없는 친구
그런 친구가 너였으면 좋겠어.

## 가지고 싶다네

사람만이 가진게 있지요
그것은 마음입니다

사람만이 가진게 있지요
그것은 사랑 입니다

나를 향한 그 마음
나를 향한 그 사랑

가지고 싶다네
나에게만 줄 수 있는 마음을

가지고 싶다네
나에게만 줄 수 있는 사랑을

# 고향

초가삼간 이어도 불평 없으리
논 갈고 밭 갈아 손을 이어가고
호롱불 밝힐 수만 있다면 좋겠네

싸리로 울타리 대문 걸고
사랑이 싹트도록 소곤소곤
별보고 달보고 살아가면 좋겠네

부모가 있고 형제가 있고
이웃이 있고 오솔길이 있다면
뚜벅뚜벅 걷는 걸음 힘이 나겠네

두발로 흙 밟고 가슴으로 바람 품어
정주고 웃음주고 이곳에 산다면
그곳이 어디어도 고향이 되겠네

## 그저 미소만

보고 싶다고 말 하면
부끄러울까봐

그립다 말하면
가슴이 먹먹해질까봐

사랑한다고 말하면
눈시울 뜨거워질까봐

마음에 담아둔 사람에게
내 마음 들킬까봐
그저
살짝 미소만 보냅니다

# 나하나 쯤이야

나하나 나무 심는다고
온 산이 푸르를까
나하나 꽃밭 가꾼다고
온통 꽃밭이 될까
나하나 비질한다고
온 거리 깨끗해질까

나 하나가 네가 되고
너 하나가 우리가 되고
우리가 모여 숲이 되리니
숲을 만들자 꽃을 심자

푸른 산 아름다운 꽃밭
깨끗한 거리는 모두의 건강
탄소중립은 모두가 해야 할 일
마음만 먹으면 할 수 있는 일
뜻을 모으면 모두가 할 수 있는 일
나 하나는 시작점이 되니까
나 하나는 종착점도 되니까

## 낙타를 타고

낙타를 타고
피라미드를 보러 이집트가자
람세스 2세를 만나러
붉은 돌의 무덤 속으로
황량한 광야 속으로
무한한 공간속으로
낙타를 타고 파라오 만나러 가자
스핑크스는 왕들을 잘 지키고 있는지
왕들은 지금도 영화를 누리고 있는지

홍해의 일렁이는 바다를 만나고
밤하늘의 뭇 별들에게 역사를 물어보자
바벨론 포로들 시온의 노래도 들어보자
나일 강으로 문명이 발달하고
나일 강으로 인류가 번성하고
수많은 왕들이 흥하고 쇠하였어도
나일 강은 역사를 기억 할 것이고
나일 강은 계속해서 흐르고 흐를 것이기에

# 내가 하고 싶은 일

내가 하고 싶은 일은
앞뜰에 꽃을 심는 일입니다
채송화 봉숭아 맨드라미 분꽃
아주 유명한 꽃도
유명 하지 않은 꽃도
아주 예쁜 꽃도
자잘한 꽃도
세상에 있는 꽃들을 모아
꽃동산 만드는 것입니다

내가 하고 싶은 일은
뒤뜰에 나무를 심는 일입니다
홍매화 라일락 모란 다알리아
향기가 진한 꽃도
향기가 약한 꽃도
송이가 하나인 꽃도
송이가 다닥다닥 많은 꽃도
꽃들도 사는 것을 좋아 하는
꽃 보는 사람도 웃을 수 있는
꽃동산 만들고 싶은 것입니다

## 라테는 말이야

코로나19가 온 세상을 덮은 뒤
그 그림자는 곳곳에 드리웠지
외출도 마라라
모임도 가지마라
사람 많은 곳은 피해라
모여서 노래도 마라라
이런 것은 방역 매뉴얼이고
국민이면 누구나 지켜야 할 계명인데

해라해라 하는 것도 못하면 스트레스인데
마라마라 하는 것은 더 스트레스라
집에 있어도 불안하고
돌아 다녀도 불안하고
차를 타고 걱정이고
누굴 만나도 걱정이다
모두가 답답하다 야단이고
우울하다 토로하네
어쩌다 이런 세상 만났나
푸념은 태산으로 쌓이네

그러나 모든 것은 끝이 있는 법
살다보면 반드시 좋은 세상 오겠지
살다보면 코로나도 떠날 때가 오겠지
지금의 때를 말할 때가 오겠지
그때는 말이야 말할 때가 오겠지
라테는 말이야 말할 때가 오겠지

## 마지막 홍시

모두가 침 흘렸지만
가장 높은 곳에 달린
그 감은 따지 않았다

까치를 위해서 남긴 걸까
구름을 위해 남긴 걸까
바람을 위해 남긴 걸까

까치들 한 무더기 날아 왔건만
누구하나 먼저 덤비지 못하고
나무에 앉아 서로 눈치만

나를 먹어다오
홍시의 외침은
허공으로 흩어지고
띠 웅
떨어진감
지구는 터졌다

## 학 같은 어머니

오이씨버선
쪽진 머리
고운 한복
한 마리 학 같았네

동백기름
하얀 머리
옥색치마
하늘나라 선녀 같았네

고운자태
사뿐 걸음
단아한 미소
꽃에 앉은 나비 같았네

## 어느 길로 와도 봄

입춘대길이 아니어도
봄은 오고 있으며

칼바람 회오리 불어도
봄은 오고 있다

땅속으로
달래 냉이 씀바귀에게
세상구경 먼저 하라고

얼음 밑으로
아직도 졸고 있는
버들개지 흔들어 깨우며

바람 속으로
마음 놓지 말라고
옷 속으로 파고들며

긴 겨울 이야기를
따뜻하게 풀고 싶어
사부작사부작 걸어오고 있다

## 시골 평상

평상은 가족의 놀이터
양푼에 열무김치 고추장
참기름 몇 방울 쓱쓱 비벼
한 숟갈 양보 없는 형제들

평상은 온가족의 휴식처
옥수수 찌고 감자 쪄서
후식으로 먹으며 정을 나누고
누워서 별보고 점을 치네

별똥별 떨어질 때 숫자를 세어
날 밝으면 주우러가자고
은하수 찾으면 견우직녀 주자고
북두칠성 찾으면 탐험하러 가자고

모기가 덤벼도 아픈 줄 모르고
별자리 찾다가 날 새는 줄 모르고
이슬에 젖을 때야 자리를 뜨며
삼복더위 모르고 여름이 갔네

## 달 집 태우기

코로나19로 힘들어하던 시절이 완전 풀렸다. 그러자 예전에 지방마다 행해졌던 축제가 부활 되었다. 그중에 하나 정월 대보름 행사다. 구정 명절이 지나고 보름이 되면서 귀 밝기 술, 호두나 땅콩 부럼 깨기, 9가지나물 먹기, 오곡 잡곡밥, 등을 먹으며 저녁에는 쥐불놀이했고, 한지에다 소원을 써서 달집에 묶어 태우는 풍습이 있다. 정월 대보름이 지나면 본격적으로 농사일에 신경 쓴다. 연장을 정비하고 과일나무는 가지를 자른다. 논과 밭에는 잡초를 긁어서 태우고 논두렁도 태워서 벌레를 죽인다. 대보름 행사는 불 지르기, 태우기이다. 태워야만 벌레는 죽고 태워야만 흔적을 없앤다.

소원지에 소원을 적는데 정말로 소원만 적었을까? 좋은 소원도 적었을 테지만 나쁜 소원도 적었으리라. 그러면 그 소원 지 태워야 한다. 마음에 한을 소원지에 적어 불같은 마음 불이 대신 갚아 달라고 불 앞에서 빌어본다. 소원을 빈다고 당장 효과가 나타나는 것은 아니다. 그것은 마음뿐이다.

그러나 대부분은 정말로 소원을 적어 가족의 안녕을 빌고 복을 비는, 그 소원을 비는 것이다. 불은 많은 소원을 불로 먹고 재로 날아 하늘로 올라가는 것이다. 많은 사람의 소원을 가지고 바람타고 높이높이 날아오른다.

## 할미꽃

햇볕을 촉매삼아
양지바른 언덕에서
옹기종기 화기 애 애
수줍게 부끄럽게 화려하게
붉은 술 깊이 감추고

화불 십일 홍이라
당당 하게 말 하고픈
한 때 좋았던 때를 뒤로 하고
아름답게 흰머리 날리는 꽃
어머니를 닮은 꽃

# 마음 밭

마음 밭이 좋은 사람은
말씨가 떨어져도 싹이 잘나고
잘 자라서 열매를 맺는다
사랑의 열매 화평의 열매 배려의 열매
그 밭은 좋은 밭이요 칭찬 밭이다

마음 밭이 나쁜 사람은
말씨가 떨어져도 싹이 나지만
더러는 잡초가 되고 가시가 되어
대못을 박고 예리한 칼이 되어 아프게 한다
그 밭은 나쁜 밭이요 비난 밭이다

착한 인성은 어려서 만들어 진다
인성 좋은 사람은 좋은 기운이 있어
마음 밭에 떨어지면 다 열매를 맺어
30배 60배 100의 결실 맺음으로 보람되니
노력하여 마음 밭 가꾸기 힘쏟 일이다

## 세상에서 가장 아름다운 것

세상에서
가장 아름다운 것은
어머니의 웃음이다

세상에서
가장 아름다운 것은
어머니의 사랑이다

어머니의 손길
어머니의 마음
어머니의 미소
어머니의 격려

그리고
어머니의 기도
어머니의 눈물
어머니의 염려

또한 어머니의 사랑은
천년을 피워 낼 꽃이다

# 아이 같은 남편

아플 때는 아이같이 법석대고
병원가면 착한아이 비교불가
의사의 말은 하늘보다 높고 높아
시키는 대로 권하는 대로 끄덕끄덕

한아름 받아든 약을 보약처럼
먹어야만 산다는 그 말을 믿고
시간 지키고 용법 지켜서
몇 주를 먹으니 차도가 생겼네

아플 때는 절망 끝에 선 사람 같더니
회복되니 희망이 날개를 뻗는 것 같아
얼굴에는 희색이 번지고 미소도 넘쳐
절망에서 희망으로 넘나드는 시간은
혹은 몇 시간 혹은 며칠간 혹은 몇 주간

개똥에 굴러도 이승이 좋다더라
쇠똥에 넘어져도 이승이 좋아요
회복만 된다면 어떤 똥도 괜찮다고
이대로만 회복해라 행복이여 오너라
얼마를 산다 해도 이승이 좋으니까

## 올 다 옳다 아니다 아니다하라

성경에 이르기를
무슨 일에든 의견이 나오면
올 다 옳다 아니다아니라 하라했다
왔다 갔다 하지 말고 심지를 분명히
자기의 의견을 분명히 하라했으나
이렇게 분명히 의견 말하고 살다가는
야단맞고 따돌림 당하기 십상이다
내 의견이 아무리 옳다 해도 때로는
보아도 못 본 척 들어도 못 들은 척
바보 같은 척 모른 척을 잘해야 살아남는다.
모른 척과 바보 같은 척을 하다보면
정말로 바보가 되는 일 많지만
그래야만 공격을 면 할 수 있다
세상에는 대단한 사람이 있다지만
하늘아래 사는 것은 따 똑같은데
우월감을 가진 자의 횡포가 심해지면
올 다 옳다 하는 의견은 모략으로 강타
한사람이 열사람 공격 하긴 힘들지만
열사람이 한사람 바보 만드는 것은 순간이라
조직의 맛은 무서운 맛이고 쓴 맛이라

눈치에 따돌림이 심해지면 견디기가 힘들어
그걸 아는 사람이라면 중간을 택할 수밖에
몰 라유 못 들었시유 내가 뭘 아는 감유
공평과 정의는 저 멀리 두고 돌아서서 하는 말
하늘보고 하는 말 바람에게 하는 말 속으로 하는 말
옳은 것은 옳은 것 이 구유. 아닌 것은 아니 구 만유
개떡 같은 세상 언제나 시원한 말 할 수 있는 겨

## 소나무의 가치

올챙이 어릴 적 생각 못 한다지
나도 어릴 적 기억이 나지 않아
더불어 사는 것이 상생의 길이거늘
가지 뻗고 뿌리 뻗은 그곳은 내 구역
오지마라 찔린다 그늘이 없다
나 살고 너 죽어 그래야만 사느니
사람에겐 이로운 소나무의 군락지
나무에겐 죽음의 소나무 그늘 터

절개를 상징하는 대표적 나무이지만
독야청청 곧은 심지 어디에 비할까
비난도 흘김도 따돌림도 잘 감당하여
주는 것도 많다네 이로움도 많다네
솔잎은 약으로 송이버섯은 식용으로
나무는 목재로 솔가루는 땔감으로
살아서도 이롭지만 죽어서도 훌륭해
뿌리는 조각품으로 가진 것 다 주네

*솔가루: 마른 솔잎 (경기도 사투리)

# 한 잎 낙엽

마지막 한 잎 대롱대롱 한들한들
힘 다해 붙어만 있으면 안 떨어져

힘들어 보이지만 힘들지 않아
외로워 보이지만 외롭지 않아

엄동설한 북풍바람 즐거이 견뎌보면
행복하게 생명수 먹을 수 있으니까

힘 다해 견뎌보면 새봄이 찾아오고
꽃망울 초롱초롱 맺을 수 있으니까

# 선생질

우리 집은 손님방 수다 방 쉬어 가는 방
동네 한 바퀴 인사하고 마지막인 곳
명절이면 어른들이 많이 모인다
오랜만에 모이니 대화는 길어지고
대화중에 거론되는 인물이 있다
거 누구는 학교 선생질하고 있다지?

어머님이 계시니 어른들의 모임방
같은 해 시집온 동갑내기 아낙들이
명절이면 뱅골 산골 집으로 모인다
맛난 것 먹고 수다로 해가 기운다
대화중에 거론되는 인물이 있다
누구아범 학교 선생질 한다지?

선생님이라 하지 않고 선생질이라니
뜻 몰라 하는 나는 어머님께 여쭈어보니
선생질 하는 자는 속이 좁아 밴댕이라고
존경받지 못하는 그분을 빗대는 호칭
자신을 비하하는 그 속을 그분은 알까?
어떻게 살았길래 그렇게 되었을까?

나의 소망은 선생님 되는 것이었는데
나이 들어도 변함없는 꿈이었는데
오늘로 꿈을 바꾸어야 되겠다
선생질로 부르는 그 호칭은 절대 싫으니
애들에게도 선생 되라 하지 말아야지
존경받는 인격자 되기만을 바래야지

# 2
## 아름다운 사람

## 마음의 짐

마음의 짐은 어디서 오는가?
욕심에서 오는 것
가지고 싶고 높아지고 싶고
누리고 싶고 채우고 싶은

마음의 평화는 어디서 오는가?
욕심을 버리는 것
이기심을 버리고 명예욕을 버린다면
마음의 평화는 저절로 오는 것

세상만사가 그렇게 쉬운 것이든가
욕심을 버리는 것도 어렵고
집착을 버리는 것도 어려워라
야인으로 살아야만 가능한 모든 일들

사람이라는 굴레를 벗기 전에는
보는 것에서 자유로울 수 없고
집념에서 자유로울 수가 없으며
오감으로 인해 비워지지 않으니

어쩌면 좋으랴 오호라 난제라
비우자비우자 모두를 비우자
버리고 버리다보면 비워지리니
공으로 살자 원으로 살자

# 우와 할머니라고?

도서관을 가려고 길을 걷는데
중학생4명이 내 앞을 걷고 있다
급하게 가려니 애들이 걸려서
오른쪽 옆으로 빠져가려니까

왼쪽 학생이 하는 말
"할머니 지나가시니 길 좀 비켜드려라"
오른쪽 학생이 하는 말
"씨 발 내가 왜 비켜?"

학생들 거친 말로 다리가 휘청
머리가 띵하게 충격 받았다
나에게 욕을 한 그 말보다
할머니란 그 말이 충격으로

아직 마음은 청춘인데 할머니란다
아직 얼굴은 아줌마인데 할머니란다
그 말이 충격되어 아찔했지만
엄밀하게 따지면 할머니 진짜 할머니

거울을 보아도 정직한 흰머리
사진을 보아도 너울너울 흰머리
흰머리가 면류관이면 할머니라야지
흰머리 염색 안하려면 할머니라야지

## 갑 진 년 새해

갑 진년에는
무엇을 해도
갑 진 일이 되게 하소서

갑 진년에는
누구를 만나도
갑 진 만남이 되게 하소서

갑 진년에는
인정사정없이
복을 받아
많이 나누어
살아있어 가장 보람된
갑 진년이 되게 하소서

기도와는 달리
엄청나게 아팠던 한 해
의술이 좋아 고치기를 여러 번
의사는 명의사 덕분에 완치
갑 지게 살려면 건강해야지

그래야 남에게 도움 줄 수 있지
갑 지게 살려면 아프지 말아야지
그래야 존재로써 이로울 가치가 있지

## 거짓말

싫은 사람을 만났다
그렇다고 표현하긴 어렵다
"어머 예뻐지셨네요? 비결이 뭔가요?"
칭찬받은 그녀는 화색이 돈다
선의에 거짓말 효과가 있다

문제 틀린 아이에게
"너는 머리가 좋은데 노력이 부족해
조금만 잘하면 천재되는 것 시간문제인데"
격려에 힘입은 아이 열공이다
선의에 거짓말 효과 있다

신경 쓰게 하는 남편에게
"사랑한다면 배트맨 되어 주세요"
사랑한다는 것을 보여주기 위해
하늘의 별도 달도 따 올 기세다
칭찬받기 위한 가상한 노력

나는 매일 거짓말 하고 산다
진짜 거짓말이든

선의의 거짓말이든
하루에 수십 번 거짓말 한다
그것이 우리를 위한 것이라면
못 할 것 없지만
할 수만 있다면
참말을 하고 살아야지 다짐해본다

## 수 우미양가 중에서

수 우 미 양 가중에서
언제나 수를 맞았지
총명한 기억력

수 우 미 양 가중에서
언제나 수를 맞았지
불도저 추진력

수 우 미 양 가중에서
언제나 수를 맞았지
사랑의 포용력

우를 맞았던 감수성
우를 맞았던 자제력
우를 맞았던 퍼주기

이제는 맞기도 어려운 점수
내 나이 70즈음이라

수 우미 양가가 뭐였더라?
성적 좋은 것이 뭐였더라?
이제는
무엇을 어떻게 해야 수를 맞을까?
이제는
무엇을 해야 내가 살아남을까?

## 아름다운 사람

내 마음 갈 곳을 잃어 너무도 외로울 때
누군가에게 내 마음 털어놓고 위로 받고 싶을 때
무거운 언어로 당신 필요하다 부를 때
차 한 잔 하면서 느긋이 들어 주는 당신은
세상에서 가장 아름다운 사람입니다

내 마음 갈 곳을 잃어 너무도 외로울 때
누군가의 도움으로 사건 해결 하고플 때
흐르는 내 눈물 닦아주는 손길일 때
그저 미소로 내 말을 들어주는 당신은
세상에서 가장 아름다운 사람입니다

# 단풍잎 공원

단풍잎이 아름다운 공원에 가자
나뭇잎들 색깔 자랑 가을의 잔치
아이들도 어른들도 즐거운 그 곳
너도나도 손을 잡고 공원에 가자

소나무도 갈나무도 공원에 있지
서로서로 색동옷을 입으려하네
예쁘다고 칭찬하면 한 잎씩 떨궈
하얀 눈이 오기 전에 마중해야지

## 비교

언니네 딸은 친정에 올 때마다
바리바리 싸오고
고명 내 딸은 친정에 올 때마다
바리바리 싸간다

가져가는 딸보다
가져오는 조카가
기특하고 사랑스럽다
부러워하는 날보고

엄마는 부자라 가져가도 표가 안 나고
이모는 가난해서 가져가면 표가 나니
바리바리 싸오던 바리바리 싸가든
딸 있다 감사하면 그것도 즐거움이요
딸 있어 가져가면 그것도 행복이라고
좋게좋게 생각하고 살아가라나

주어서 즐겁고 받아서 행복하니
부모는 그늘 좋은 거목이요

자식은 자라나는 작은 나무라
자식도 언젠가는 그늘되리니
거목이 되도록 바람 되어주고
그늘이 되도록 도움 되어주세요

# 아군과 적

어제의 아군이 오늘의 적이 되고

그제의 적이 아군 되었다

이익 따라 적이 되었다가

계산 따라 아군도 되니

영원한 적도 없고 영원한 아군도 없다

그러니
슬퍼하지 말기를

적이 되는 것도 아군이 되는 것도

사람이라 가능하고 사람이라 변환되니
바라건대 심지를 굳게 하여
가능하면 변하지 말기를
가능하면 온전해지기를

## 예민한 사람

젊어서의 나는 신경이 예민했다. 너무 잘 들려서 들리는 것 때문에 자신도 힘들고 주변도 힘들게 했다 좋은 점도 있지만 나쁜 점이 더 많아

젊어서의 나는 눈이 너무 좋았다 사람의 행동 말투 걸음을 보아두어 다음에 만날 때는 실수를 하지 않아 좋은 점이 많아서 도움이 되었다

지천명이 넘어 서니 우둔한 신경 가끔씩 못 들어 놓치는 일도 그럴 때면 여유 있게 삼박자 호흡 너그럽게 넘어가니 훈훈한 인정

이순이 넘어가니 눈이 흐려져 가끔씩은 보고도 못 본 척 아량에 무게를 달아 입 닫고 이래도 저래도 흐르는 대로

듣고 싶은 대로 듣지 않고 보고 싶은 대로 보지 않고 마음을 비우니 마찰도 없고 배려를 펼치니 싸움도 없어 관심 없는 듯 무신경하게 흐려지는 눈으로 적당히 보고 난청인척 못 들은 척 살고 있다네 젊어서 그랬더라면 스트레스 안 받았을 것이고 젊어서 그랬더라면 주변인들과 마찰도 없었을 것을

## 공평은 어디로

새로운 세상은 이런 세상이랬다
공평과 정의가 하수같이 흐르고
노력한 만큼의 대가가 있다고 했다
그러나 세상은 큰 손과 도둑이 많아
불의가 성황을 이루고 불법이 난무해도
누구하나 바로 잡는 이 없다 오히려
의인이 일어나
불의를 보았다고 외치니
그의 눈이 뽑혔다
열사가 일어나
불의는 나쁘다고 말하자
그의 혀가 잘렸다

의인과 열사는 왕따 당하고
은 따 당하고 대따 당했다
예나 지금이나
의인과 열사는 죽임을 당해
그래서 세상은 혼란이 가득해
보고도 못 본 척 들어도 못 들은 척
그렇게 살아야 목숨이 보전될까

공평과 정의는 누구 편에서 나올까
그래도 세상이 잘 굴러 가는 것은
의인이 부지기수로 일어나고
열사가 목숨 걸고 일어나니 이어 가는 것
그늘이 햇빛을 못 이기듯 햇빛이 많기에 가능한 것
힘들고 어려워도 의인과 열사는 계속 생겨야 하는 것
그래야만 세상은 36.5도가 되는 것이라네.

## ㅁ 이라는 글자

나라는 글자에
ㅁ을 받혀주니
남이 되었다.
남에게는 자가 필요했고
선이 필요 했고 거리가 필요했고
계산이 따랐다.

남이라는 글자에
ㅁ을 지우니
귀중하고 소중한 나 가 되었다.
나에게는 자도 필요 없고
선도 필요 없었다.
무한정 베풀어도
전혀 아깝지 않았다.

ㅁ은
울타리도 되고
감 옥도 되고
터전도 될 것이고

베풀 수도 있고
거둘 수도 있고
뺏을 수도 있으나

ㅁ없이는 우리는 없다
ㅁ으로 들어가자
ㅁ에서 놀아보자
ㅁ에서 나누어보자

## 집 생일

사람마다 생일이 있듯이 우리 집도 생일이 있다
어렵게 집장만하신 부모님은 집에도 생일을부여 했다
때마침 추수가 끝난 지점이라 떡을 푸짐히 장만해
머리에 이고 다니며 가가호호 방문하여 선물 했다
집 생일치고는 뻐근하게 한다싶었지만
내 집 장만의 기쁨은 세월가도 좋기만 해서
매년 가을이면 떡 잔치 집 생일잔치 거하게
시골생활 40년을 잔치했으나 옛일이 되어버린
내 생일도 시들하고 남편생일도 시들하기 만한데
추억 속에서의 일이건만 좋게만 기억되는 집 생일잔치
가고파라 그 시절로 그리워라 40년전 그 시간 속으로

## 사랑은

사랑은
같이 있고 싶은 거야


모두 주고 싶은 거야


계산하지 않는거야

내가
그 사람 덕보고 싶은 것은
좋아 하는 것이고

그 사람
나 때문에 좋아졌음 좋겠다는
그 마음은
사랑
사랑인거야

## 존재의 가치

그 사람
나 아니면 안 될 것 같은데
잘 견디고 있으며

그 모임
나 아니면 힘들 것 같은데
그런대로 운영 되고 있다

이 세상
나 없으면 멈 출 것 같은데
끄떡 없이 시계는 돌고 있다

그러나

그 사람
나 하고 있으면
행복해서 웃게 되고

그 모임
나로 인해 사람 모여
활기 넘쳐 발전 거듭하고

이 세상
나로 인해
대를 이어가고 지경 넓어져
존재 하는 것만으로도 가치가 있고
존재 하는 것만으로도 필요가 있다네

# 같은 날 같은 시간은 없다

눈을 감고 눈을 뜨고
해가 뜨고 해가지고
날마다 날이 바뀌지만
같은 날 같은 시간은 없다

싹이 나고 싹이 자라고
꽃이 피고 꽃이 지지만
해마다 같은 꽃과
같은 꽃잎은 없다

흔들려야 결실이 되고
죽어야만 살아나는 진리
찬란한 꽃들의 노래
비추는 태양을 바라고

하루가 지루하지 않도록
거룩한 분노여 일어서라
하루가 같아지지 않도록
생명 있는 것들아 피어나라

# 풍경

찬란한 봄이
이리저리 쏘다니다가
벚 꽃길 십리에 갇혀서
길을 잃 었 어
겨우내 참았던 꽃들의 함성
일제히 지르자 망울망울 펑펑
꽃들의 시샘 더 화려하게
꽃길 십리길 꽃 비 내리 네
풍경 아주 죽여 주 네
여기가 좋사오니 꽃 무릉도원

연거푸 감탄하니
감성이 훌륭하다네

얘 야
이 풍경에 감탄 안하는 사람은
사람이 아니다 귀신이지 맹꽁이지
사람이라면 풍경을 볼 줄 알아야지
사람이라면 감탄 할 줄 알아야지
보고도 느낌이 없다면 사람이 아니지
좋은 것을 보면 좋다고 말 할 줄 알아야지
꽃을 꽃으로 볼 줄 알아야지

# 처덕처덕

주름개선 피부재생 미백성분 있다고
기능성화장품이니 원래 비싼 거라고
바르기만 하면 효과 장담한다고
10년 젊어지는 것은 일도 아니라고
입에 침이 마르도록 강조하는 호스트
얼굴에 주름살 있으니 그 말이 귀에 들려
혹시나 하는 마음에 거금 들여 구입 했다
뚜껑을 열기 전 가격표를 보니
미쳤다는 생각이 들어 후회하지만
영양크림 한 개가 35만원이나 하니
비싼 만큼 효과 있을 거란 믿음
바르기만 하면 주름 펴진다 하는데
바르기만 하면 얼굴 하야 진다는데
바르기만 하면 피부 살아난다는데도
아깝고 아까워 조금씩만 발랐다

화장품 샀다하니 딸이 하얀 웃음 웃고
효과 있을 거라고 믿으며 바르라고
살짝 살 짝이 아니라 처덕처덕 발라야 한다고
아끼면 효과 없으니 많이많이 바르라고

믿어봐야지 주름 펴지길 예뻐지기를
비싼 화장품 덕에 얼굴하야지기를
외출하다 친구 만나면 못 알아보게
한 지붕 남편도 미소 지며 칭찬하게
날마다 달라지면 좋겠다는 희망으로
처덕처덕 바르며 거울에게 묻는다
"거 울 아 거울아 나 달라졌니?"
날마다 거울 앞에서 물어보지만
거울은 아무 말이 없다
난 오늘도 어떤 말이라도 듣고 싶어
처덕처덕 비싼 화장품 바르고 있다

## 투 플러스 원

비타 천이라고 새로 나온 자양강장제
먹어보니 효과 있어 약국으로 사러갔지
일반 약국에는 팔지 않아 편의점엘 갔네
편의점도 가 보았으나 취급 점은 없었지
여기저기 가보다가 동네 편의점에 갔더니
그곳의 진열대에 예쁜 모습으로 나를 반겨
3개를 집어다가 계산하니 비싸기도 하여라
일반 비타민 음료의 두 배 가격 고민하다가
가격을 찍고 들고 나왔는데 이천사백원이네
개당 천 이백 원이면 삼천 육 백 원이라야 하는데
가격이 맞지 않아 다시 가서 계산 했네
그냥 먹으려다가 양심에 가책이 되어
돈 더 내려 왔다며 음료를 내 놓으니
계산원 웃으며 하는 말 투 플 러스 원이라네
두 개사면 한 개는 공짜라며 인심 쓰듯 웃으며
다시 오는 손님 처음이라며 내 양심 칭찬 했다네
계산할 때 말했으면 다시걸음 안했을 것인데
양심을 속인 것 같아 잠시 괴로웠으나
나는 나를 칭찬 했네 정직한 계산 후 먹는 자신을
바늘도둑 소도둑 되기 전에 하늘을 우러러 본 것을

비타 천 먹으며 기력회복을 하고 양심회복도 하여
이 좋은 세상 성큼성큼 걸어 다니자 힘 있게 걷자
저 파란하늘 마음껏 우러러 보자 구름에게도 인사
어깨 당당히 펴고 보무도 당당히 하하하 호호호
귀한 음료 먹고 기운차리니 세상다시보이네
비타민은 몸에만 필요한 것이 아니라네
정신의 비타민은 더욱 필요한 것 이라네

## 그런 거 안 해

친목으로 모이는 모임이 일곱 개다. 10년 이상 모였으니 인간성 파악했지. 나의 친화력과 추진성과 결단성을 높이 산 회원들은, 나에게 회장이란 직함을 주려했다. 모임이 일곱 개니 회장만도 일곱 번을 해야 했다. 그들의 주문을 다 받았으면 나는 지금도 회장을 하고 있을 거다. 회장이란 직함 참 좋은 거지. 매력적인 거지. 어디가나 불러주니 그거 참 좋은 거지. 젊어서는 인생 치열히 살았으나 나이 70이 넘고 보니 편안함이 좋아서 이러저러한 이유를 붙여 회장직을 사양했다. 이제는 편안히 살을 란다. 자유롭게 살을 란다. 회장, 그런 거 안할 란다. 신경 쓰는 거 그런 거 안 할 란다. 낮은 곳에서 섬기며 살을 란다. 명예 내려놓으니 마음 참 편하다. 자유와 친구하니 얼마나 좋은지 이제야 느낀다네. 여 보 슈, 회장 그런 거. 그런 거 안 해.

## 물감 홀치기

개나리 가득 필 때면
한 올 한 올
노 오란 물 화사해지고

수박 꽃 가득 필 때면
한 올 한 올 홀치기
옥색으로 물들이고

마음이 썰렁 할 때면
색색 깔로 홀치기
팔색조로 물들여
모두를 즐겁게 했네

# 비타민 위로

내 표정은 명랑하고 씩씩하고
얼굴에는 언제나 미소가 가득
근심이라고는 보이지 않고
에너지는 나누고도 남을 만하니
그렇게 보이는 것만으로도
남들에게는 좋을 듯하나
정작 본인은 손해 보는 것이 많네

아파도 아플 거라 믿는 이 없고
울어도 눈물로 보는 이 적어
외로운 것은 본인만의 고독이네
보이는 것만이 전부는 아니라고
진심으로 말을 해도 마이동풍
아
위로가 필요 하네 진심어린 위로
위로는 비타민 멀티비타민
겉으로 강해보여도 속으로는 여린데
겉으로 강한 면이 눈물 나게 힘들어
위로가 필요해요 비타민 같은 위로
자세한 관심 그렇게 가까이 진심으로

# 3
## 수구레국밥

# 물 절약

물을 얻으려고
땀 흘려 땅을 판 것도 아니고
집에서 물 받으려고
힘들여 연결 한 것도 아닌데
순전히 남의 힘 빌린 것인데

꼭지만 틀면 물이 콸콸
추워도 더워도 물이 콸콸
세수를 해도 한 대야 가득
양치를 해도 큰 그릇 가득
얼마를 써도 아깝지 않아

물안 나오네 수도 고장이네
꼭지를 틀어도 물 소식은 감감
남의 손 빌려 고치니 물 나오네
먹을 물 씻을 물 펑펑 쏟아져
물이 얼마나 귀한지 깨닫게 되네

이제부턴 물 절약 캠페인 홍보대사
물을 물같이 쓰다가는 큰일 날수가
서로서로 물 절약 너도나도 물 절약
나하나 쯤이야 생각 버리고 실천
나 하나부터 진심으로 실천해야지

# 미련

열심히 걷는 걸음
멈추게 하고
타오르는 열정
주춤하게 하고
흐르는 시간
자꾸 돌아보게 하며

긍정보다는 불평을
완성보다는 후회를
기억할때마다 껄껄껄 하게하는
나는
너를 버려야만 사느니
너를 버려야만 웃을 수 있으니

가차 없이 버리련다
미련 없이 버리련다
미련한 미련을
그래야만 내가 사느니

## 손 편지

편지를 쓰려하니
마음이 담겨야 되기 때문에
진심이 들어가야 되기 때문에
쓰기 쉬운 것 같으면서도 어려워라
편지를 쓰려 하니
얼굴을 마주대하지 않아도
눈감고 상상으로 보는 것 같아도
보는 것 이상이기에 쓰기가 어려워라

오늘은
어려운 이유 하늘로 날려 버리고
연필심 꾹꾹 눌러가며 편지를 쓰려하네
손 글씨로 정성 다해 편지를 쓰려하네
오늘은
얼굴을 보는 것 같이
마음을 가득 담아 편지를 쓰려하네

그리운 사람아
마음 다해 사랑하는 사람아

주어도주어도 모자라는 사람아
나로 인해 행복해 하는 사람아
이 밤
당신에게 감성을 다해 편지를 쓰노라
당신으로 인해 멋진 인생 사노라고
당신으로 인해 행복한 삶 사노라고
당신으로 인해 사랑 노래하노라고

예쁜 편지지에 연필로 꾹꾹 눌러가며
사랑 수놓고 있노라고 편지를 쓰려하네

# 쓰리 꾼

망보고
신호주고
지갑 빼고
이렇게 훔치는 사람들을
쓰리 꾼이라 한다
혼자서는 할 수 없는 도둑질
셋이라야 쉬운 도둑질

한 가닥 나무는 부러지는데
두 가닥 나무는 견디고요
세 닥 나무는 안 부러 진다네

도둑질도 힘을 합쳐야 하고
지키는 것도 힘을 합해야 되지만
지키는 것보다 더 강한 것은
남의 것 많이 훔치는 것

지혜를 모으고
판단력을 모으고
촉을 모아야만 성공하는

쓰리 꾼의 삶도 고단하겠으나
들키지 않고 훔쳤을 때의 짜릿함
그 짜릿함 때문에 인생 망가지는데
손 씻자 다짐하여 거듭나길
쓰리 꾼이 아니라 싹수 꾼이 되길 바라

# 연 날리기

불편한 마음 미워지는 생각
눈물 나는 감정을 모으고
가오리연에 가득 담아
높이 널리 날려야지
그러려면 바람이 불어야해
바람은 모든 것을 시원하게 하거든
바람은 모든 것을 날려 버리거든

용서하는 마음 좋았던 기억
웃음 나는 장면을 모아서
방패연에 가득 담아
높이 널리 날려야지
그러려면 너른 들판이어야 해
들판은 마음을 너그럽게 하거든
들판에 오면 마음의 때 버려지거든

높은 생각 높은 뜻은 호연지기의 기본
넓은 마음 넓은 생각은 호연지기라야
호연지기를 키우려면

너른 들판 높은 산이 있어야 하니
내 마음을 호연하게 가져보아야지
그러려면 연을 날려야해
연을 날려야만 시야가 넓어지거든

## 밝은 색이 좋아

외출을 하려고 옷을 찾으면
밝은 색의 옷이 골라 진다
빨간색 노란색 주황색 분홍색
원색을 찾아놓고 기분좋아한다
남들이 볼 때는 원색을 입는다고
어린애 같다고 말들 하지만
원색을 볼 때면 생기가 생기고
원색을 입으면 에너지가 생겨
남들이 뭐 라든 원색을 입는다

도화지에 그림을 그려 본다
색을 칠하려고 크레용을 찾는다
색칠을 하다보면 여기도 원색이
노란색 분홍색 초록색 파란색
나를 보면 무지개가 보인다고
놀려대는 말이라도 듣기가 좋아
밝은 색이 좋아요 콧노래가 흥얼
밝은 색이 좋아요 신나는 걸음

원색은 생기를 준다 기분 좋게 한다
일곱 색깔 속에는 에너지가 있다
밝음 속에도 엔 돌핀이 있다
생동감은 나누어야 살맛나지
오늘도 나누려고 신이 나는 발걸음
만나는 사람마다 복 있어라 축복을
만나는 사람마다 신명 있어라 기도를

## 집이 참 좋다

집이 참 좋다
세상의 짐
다 내려놓고
심신을 풀 수 있으니

집이 참 좋다
고단한 마음
다 내려놓고
마음껏 잘 수 있으니

# 콩깍지

미열이 나는 이유
분별력이 약해지는 이유
팬시리 웃음 나는 이유
이래도 저래도 기분 좋은 이유
충고가 안 들리는 이유
세상이 내 것인 이유
그 사람이 무작정 좋은 이유

이러한 이유들이 어디서 왔을까?

아무리 생각해도...

아마도
나는 사랑을 하고 있는 중이며
콩깍지가 씌워진 상태인 것 같으네

## 향기와 향기

시장을 가려면
지나가야 하는 공원이 있다.
그 공원에는
여러 가지 꽃나무가 있는데
철따라 달마다 다른 꽃이 핀다
초봄에는 개나리가
뒤이어 목련이
그리고는 라일락이 핀다
가슴이 설레 일 때는
라일락향기가 좋고
그리움이 생길 때는
백합향기가 좋다

라일락은
바람이 불때마다 흔들리며
이리저리 향이 흩어진다
마치 짝사랑 할 때의 설레임 같다.

짝사랑이 깊어지면 그리움이 된다
그리움이 생기고 마음에 자리하면

가슴 한켠이 저리고 아프다

그 아픔은 진하고 깊어서
마치 백합향기 같다
꽃향기 좋아하는 나에게
나이를 불문하는 이 나이에
생각만하면 설레이는 사람이 있어
라일락향기를 맡으며
오늘도 기분 좋은 하루를 보낸다

# 삼행시

정 - 정말로 폭이 넓은 당신 괜찮은 사람입니다
희 - 희 안하게 당신은 남을 즐겁게 하는 재주가 있어요
순 - 순전히 하나님의 복이 임했기 때문입니다

정 - 정도 많고 웃음도 많고 자상하기도 하지요
희 - 희락의 전도사로 주변을 활기차게 합니다
순 - 순수하게 빛나는 당신 정말로 괜찮은 사람입니다

정 - 정겨운 봄소식에 움츠린 어깨 펴고
희 - 희소식 기다리는 오산의 아씨 마음
순 - 순 요한 책을 발간해 베스트가 되시라

정 - 정겨운 봄날처럼 모든 일 잘 풀려서
희 - 희소식 번지는 날 새로운 주인공 돼
순 - 순수한 기쁨 몰려와 행복 되어 빛나라

정 - 정겨운 새봄 열고 꽃기운 받아들여
희 - 희소식 주인공 돼 빛나는 아름다움
순 - 순서의 자연 감성을 시심으로 펼쳐라

정 - 정직하게 세상어둠과 타협하지 않으며
희 - 희망의 메시지를 전하는
순 - 순수한 영혼의 문학인

지인들이 써준 삼행시 입니다

## 수구레국밥

살아서는 노동력으로 보시하고
죽어서는 7가지 나누는 덕인데
나누고 나누어도 남는 보시에
마지막 한 점도 소중한 먹거리

가죽만 남았건만 거기서도 벗겨
양념을 잘했어도 질기고 질겨
소나무 껍질도 먹었는데 뭐는 못 먹나
고픈 배가 등가죽에 붙을 판이라

허리띠 졸라매기보다 그거라도 먹자
가마솥 한 소큼 고픈 이 불러 인심
수구레국밥 먹고 가세 수구레 국밥
마지막 남은 것은 껌이나 돼라

질겅질겅 씹어보니 입이 즐거워
자꾸만 먹어보니 먹을 만해
어려울 땐 어려워서 먹고
이제는 편하니 그리워서 먹는
추억으로 정으로 먹는 수구레국밥

## 할머니와 엄마의 차이

90살 세월 잘도 흘렀지
층층시하 살았던 우리 아빠
할머니 일 도와주려
부엌에 들어가면
불알 떨어진다 내 쫓았다

설거지 하던 엄마
힘차게 부른다
집안일 도와주지 않으면
불알 영근다 일도와라
부엌에 안 들어가면 혼난다

시대차이로 희비가 엇갈려
남자가 뭐길래 그렇게 위하는지
언젠가는 위했으나 지금은 안 그래
아무래도 좋아
일 안도와 주면 영근다고 하니

어른들의 말은 들어도 들어도 새겨들을 말
어른들의 말은 안 들으면 언젠가 손해 보는 말

## 애기 똥 풀

하늘의 별들은
어두울 때만 보인다

낮에도 보고 싶어서
풀 섶에 뿌려 놓고

해뜨길 기다렸다

애들아 모여라
하늘의 별
내가 모아 왔어

반짝 빤짝 빛나는
애기 똥 풀 별

## 이래라 저래라

시를 쓰고
시집을 냈으니
시낭송도 하란다

시 낭송하니
독자들 좋아하게
유 트브 하란다

시인은
만능 인줄 아나보나
독자들이 주문하면
무엇이든 만들어 내는
그런 사람 인줄 아나보다

잘하면 칭찬이지만
못하면 거친 질책
그것이 무서워
그것이 싫어서
나는
그냥 시인만 할란다

# 약속

양산을 사주며
햇살 피할 곳 되겠노라
우산을 사주며
비를 막아주겠노라
비가 오나 눈이 오나
마음 다해 지켜주겠노라
어느 때나 변하지 않겠다며
웃음으로 약속한 당신
모든 것 다해 주고 싶다며
열심히 노력했으나 부족하다 말하네
많은 세월 흐르고
몸은 늙고 주름살 늘었어도
처음 만난 그때가 감동이라네
마주보는 세월의 눈길 흐뭇하다네

검은 머리 파뿌리 되었네
눈이 흐리고 기력 떨어졌어도
보면 볼수록 좋은 것은
당신의 얼굴에 피어난
웃음꽃을 보는 것

웃음꽃 그 꽃이
이렇게 좋은 것을
살아온 세월은 풍파였어도
살아갈 세월은 미풍일거라
약속 지킨 당신은 산보다 든든하고
약속 지킨 당신은 바다보다 품 넓어
마주잡은 손 꼭 잡고 영원하길 바란다네

## 여름 꿀잠

여름이 되면 시원한 바람이 좋아진다
그 바람은 선풍기바람 또는 에어컨바람이다
집에서 켜는 바람은 덜 시원하니
좋아하는 바람을 찾아 마트도 가고 도서관도가고
이유를 만들어 서울행 바람을 맞는다

친구도 만나고 쇼핑도 할 겸 서울을 가면
시간 반을 전철에서 시간을 보내는데
그 시간에 눈을 감고 명상을 하고 잠을 청한다
전철은 달리다가 쉬었다가를 계속하느라
흔들흔들 삐끄덕 삐끄덕 소음을 반복한다

나는 의자에 가만히 앉아 눈을 감고 있으면
전철 흔들림의 진동이 자장가 같아서
저절로 곤하게 잠이 들어 꿀잠을 자게 된다
시원한 바람 먹고 한참 자다가 깨고 나면
피곤이 풀리는 듯하고 개운하기까지 하다

꿀잠으로 개운하니 친구와의 만남도 즐겁고
쇼핑은 덤으로 절약하는 차원으로 간소하게

몇 시간의 외출은 생활의 즐거움이다
집에 오는 길도 꿀잠을 청해보리라
임도보고 뽕도 땄으니 여름을 더 즐겨 보리라

# 추억은

추억은
돌아 볼 때마다
그리움이 묻어나는
돌아가고 싶진 않지만
한편의 무성 영화 같지만
추억이 있어 가치 있는 삶
사람만이 가질 수 있는
추억이라는 것

추억은
들여다 볼 때마다
정을 고이 간직한
시간의 앨범 같은 것
갈피마다 사연이 있어
기억할 때마다
그리움이 솟아나는
만년 보약 같은 것
기억이 있는 한 시간을 돌려 보는
돌아가는 지구 추억이라는 것

# 치사 해 치사해

잘 풀릴 것 같더니 길이 막히고
길 인 것 같더니 길이 아니네
마음 주는 것 같더니 저울질 하네
돌아서는 것 같더니 살며시 다가와

치사 해 치사해 정말 치사해
치사 해 치사해 정말 치사해

두 손 잡고 위하는 것 같더니
너 아니면 의미가 없다더니
하늘의 별도 달도 다 따다 준다더니
언제나 네 편은 여기에 있다더니

치사해치사해 정말 치사해
치사해치사해 정말 치사해

버리겠노라 안 받겠노라
안 듣겠노라 안 보겠노라
너도 언젠가는 이럴 때가 올 것이야
남의 눈에서 눈물내면 너도 울 때가

치사해치사해 정말 치사해
치사해치사해 정말 치사해

## 하 지마 하 지마 나 한테

계단 끝에 앉은 그 남자
술에 취한 것 맞다
휴대폰을 들고 전화하듯
상대방에게 말하듯
그러나 눈물석인 말투

하 지마 하지 마
나한테

조용하게 말하더니
음성이 조금씩 커진다

하지 말라는 말이 반복 되더니
반복 될수록 음성이 커지더니
온 동네가 떠나가라고
목청껏 소리를 지른다

오랫동안 반복되더니 마침내 운다
남자의 눈물이 서 럽게 서럽게 흐른다

얼마나 스트레스를 받으면 저렇게 소리칠까
얼마나 속이 상하면 어두운 공간에서
꺼진 휴대폰을 붙잡고 소리 지를까
지나는 내게 메아리처럼 들린다

하 지마 하 지마
나한테

# 4
## 내가 살던 그곳은

## 인생 3막 7장

유년시절은 부모님 그늘이라 걱정 없었지
넓은 품에 안겨 마찰 없이 살았던 시절
20살 넘어보니 하늘같은 은혜라는 것을
성년이 되어 독립하니 세상이 무서워

결혼하고 가정을 꾸리니 책임질 일이 많아져
시부모 공경과 자식이 생기니 나보다 우리로
인생2막 어렵지만 남편 손잡으니 힘이 생겨
부모공경 자식사랑 이웃까지 보듬어 살아냈네

이순의 나이되니 아픈 곳 늘어나 적응이 안 돼
자꾸만 젊었을 때 돌아보게 되고 신음소리 늘어
아 아 인생 무상하여라 이런 때가 오다니
인생3막 이제부터가 신경 쓰고 살아야 할

하늘의 뜻 헤아리며 약 챙겨먹기를 밥 먹듯
하루하루 잘 지내길 기도하고 기도하네
자고나면 주변에 일이 생기니 마음 충격
아무 일 안 일어나면 그것이 기적이라네

그날이 최고의 날이라며 감사하기를
기운이 조금이라도 있을 때 말이라도
예쁜 말 덕이 되는 말 힘이 되는 말로
덕을 쌓아보려네 득이 되어 보려네

## 내가 살던 그곳은

서울 아가씨와 시골 총각 결혼 했네
별 뜨는 벌판이 좋아서 살기로 했지
흙 내음 풀내음 바람내음이 좋아서
두 번째 고향 산골마을서 신혼살림
그곳에서 살던 때가 좋았습니다

내가 살던 그곳은 외 삼미 뱀골
과수원에 넘치는 꽃향기 좋았네
복숭아꽃 살구꽃 포도 자두 꽃
우물가 앵두꽃이 춤추는 동네
그 곳에서 살던 때가 그립습니다

시골환경 힘들고 낯 설었어도
흙 밟고 바람 품어 부모 되었네
꽃 속에서 살다보니 사람도 꽃이라
철마다 꽃의 변신은 추억도 예쁘게
메밀 꽃 감꽃 목화 꽃이 아름다운 곳
그 곳에서 살던 때가 그립습니다

기억이 있으니 그리움도 있어라
오솔길 뒷산 길 버섯 따던 길
지나간 시절 그리울 때마다 울컥
님과 함께 가고 싶은 시골 마을길
흔적도 없어진 두 번째 고향
그곳에서 살던 때가 그립습니다

## 추억의 산물

부모님 산소 언덕둔덕에 잘 자란 소나무
가을이면 잎을 떨구어 수북히 쌓였네
겨울동안 얼었다 녹았다 를 반복하여
잘 말라서 붉은색을 띄고 사람을 반기네

신혼 초 아궁이 불 때던 시절
솔가루는 가장 요긴한 불쏘시개로
헛간에 쌓인 양으로 겨울 양식이 되었고
솔가루 한줌이면 떡 한 개와 바꾸었다네

초가을이면 솔가루 긁으려고 경쟁했고
솔가루 찾으러 소나무를 찾아다녔는데
지금은 산마다 솔가루 쌓여 있어도 찾는 이 없고
쏘시개가 뭔지도 모르는 사람들이 대부분이라
아 아
격세지감 느끼며
솔가루 코에 대고 송진 냄새 맡아보고
잠시나마 옛날을 추억해보는 것만으로
불 때고 살았던 세월 30년 전이었건만
엄청난 세월 흐른 것 같으니

지금도 불 때면 필요한 쏘시개
솔가루는 추억의 산물
이제는 묻어야지 추억 속 아득한 옛날로


\* 솔가루 (마른 솔잎, 경기도 사투리)

## 아유 저 고집

층층시하 식구들 많이 살 때는 따뜻했다
무슨 말을 해도 어떤 의견을 내도
내 의견을 절대적으로 존중해 주었다
존중해주니 배려심이 깊은 사람인줄 알았다
나는 그런 남편을 사랑했고 자랑 했었지
48년 결혼생활 남편은 온유의 대명사였다네

병수발이 끝나면서 부모님 돌아가시자
남편은 목소리를 내기 시작 했다네
아는 것이 많아서 찬성보다는 반대를 하고
정보 제공한다며 미주알고주알 아는 척 했어
자상함은 없어지고 고집이 가득 했네
저 사람 내면에 저런 면이 있었나 놀라곤 했지

젊어서는 토론도하고 말하는 것을 좋아했으나
이제는 기력이 딸려 져주기로 했다네
듣다가 힘이 들면 슬그머니 자리를 피하고
종료하고 싶으면 박수치며 용기 주고
이렇게 저렇게 덮기를 습관처럼 하는데
남편은 자신도 모르게 고집쟁이가 되어간다네

어려서 저랬으면 아마도 정치기가 되었으련만
그랬으면 아마도 만나지 않았을 것이고
평범한 사람 만났을 것이라 생각하며 웃는다
남편은 고집쟁이 수다쟁이 지식 쟁이
자신도 모르게 물드는 이기심을 누가 깨닫게 할까
어느 날 마음먹고 심도 깊게 대화를 해야겠다.

## 내 몸은 리모델링 중

아파보니 건강했을 때의 몸이
얼마나 소중했는지 알게 되었다네

꿀랑, 71이 된 이 나이에 여기저기 아파서
병원가고 약 먹고 아프면 병원 가는 것이 일이네

삐 삐삐 몸이 신호를 하네
또 아프다고 그래서 나는 몸속 공사를 한다네
의사와 간호사가 동원되어 목수도 되고 미장공도 되어
고장 난 곳을 수리 하네 고쳐서 다시 사용하려고

삐 삐삐
고쳤다고 신호 하네 고쳤으니 몸이 가뿐 좋아좋아
하늘을 날 듯 기분이 좋네 지금의 내 몸은
리모델 하는 중

## 연기속의 탄소들

즐비한 음식점들이 초저녁이면 경쟁하듯 숯불을 피운다
불 준비가 끝나면 고기를 준비하고 손님들이 몰려온다
지글지글 삼겹살 굽는 소리 와글와글 곱창 굽는 소리
하늘로 오르는 연기 동네로 스며드는 고기냄새
창문을 닫아라 커튼을 내려라 탄소가 밀려온다
고기는 구워야 맛이라지만 그때에 나오는 저 탄소
삶아서 먹으면 탄소를 줄일 수 있지만 맛없다 난리
사장님도 아는 지식이지만 어쩔 수 없는 현실
손님이 없으면 장사도 안 되니 손님의 요구대로
누릇누릇 맛있는 소리 굽는다 와글와글 맛있는 연기
지구를 지키는 것은 나중의 일이고 지금은 먹는 것이 우선
떠다니다 모여서 하늘로 승천하여 오존층 만드는 탄소들
누가 저 오존층을 막을까 탄소를 귀히 여길까 호소해보지만
몸으로 느낄 때는 때가 늦었어도 그래도 외쳐본다
지구를 지키자  탄소를 줄이자  연기를 내지말자

## 낙엽의 철학

삼색 잎이 아름다운 공원에 가면
감정이 몽글몽글 시인이 되네

한잎 두잎 떨어지는 낙엽을 보면
어디로 가느냐고 묻고 싶다네

푸름 청정 녹음을 자랑을 하였건만
추락으로 사의 찬미를 부르네

한때의 영광 자랑마라 누구나 있었을 때를
그것이 너였고 그것이 나였었느니

살면서 누리는 그때를 감사하고
다음을 기약하는 아름다운이별로

가야 한다네 그래야만 살수 있다네
바람과 함께 가야만이 내일이 온다네

## 비오는 날의 연가

비가 오시네 많이 오네 세차게 오네 예전과 달라
봄비 도 많이 오네 여름비는 더 와요 연이어
이 걱정 저 걱정으로 좌불안석 그만오길 바라
장마철에 오는 비는 마루가 꺼질 정도로 걱정
폭우로 인해 산사태 날라 벼가 물에 잠길라
오이 넝쿨 무너질까 물꼬 보러 나설라 치면
못 가게 말리는 가족들 덕분에 비 감상만 했네
천둥 무서워 나서지 못하는 자신을 탓하기만 했지

농사를 접어둔 지금의 빗소리는 다른 걱정으로
모두 무사해라 하늘보고 기도하네 정성으로 기도하네
수해날까 걱정 도로 유실될까 걱정 또 다른 걱정으로
비 그칠 때까지 걱정을 해보니 그것이 노래가되네
내 걱정 남의 걱정 다 버리자 버리고 노래나 하자
모든 것 비에 딸려 보내고 오늘은 부침개나 먹어보자
비오는 날은 막걸리에 부침개 그것이 최고지 부침개
그리고 트로트를 틀어 마음을 구름에 실어 보내자

## 노년의 길


나이 먹어 가는 길 오솔길입니다
한 번도 가본 적 없는 호젓한 길입니다

인생길 무엇 하나 처음 겪는 일이지만
나이 먹는 일은 두렵고 떨리는 일입니다

해마다 나이를 먹으며 걷는 길은
몸 따로 마음 따로 생각도 따로 불안 합니다

걷는 걸음 멈출 수 없어 걷지만 가다보면 이 길이 맞는지
의심들 때가 많으며 시간을 붙잡고 싶어 눈물 납니다

혼자 있는 일이 많아지면
뼈가 시리도록 외로움이 찾아오고
흘러간 시간이 야속 할 때면
가슴 아리도록 그리움이 스며듭니다

젊어서는 어떤 일도 거뜬했고 호기심으로 즐거웠으며
설레 임으로 신이 났는데 나이 먹으니 겁부터 납니다

체력이 저하되니 기댈 곳 찾게 되고
허물없이 대화 나눌 친구가 절실 합니다

노년의 길 혼자 가니 멀다 싶지만
가다보면 좋은 일 생길까? 야무진 욕심으로 기대해봅니다

걸어온 세월 힘들었지만
즐겁게 추억하며
살아갈 세월은 가벼워지길
한발 한발 내딛으며 기도 합니다

호랑이는 죽어 가죽을 남기지만
나는 이정표적 발자국 찍지요
어떤 이에게는 귀감 되는 삶이고 싶어서
주어진 삶을 잘 살아 냅니다

꽃보다 향기로운 단풍처럼
불타는 노을보다 아름다운 삶이기를
누군가의 가슴에 물들고 싶어
뚜벅뚜벅 걸어가는 노년의 길입니다

## 버리리라

디자인 좋고 색깔 좋고
가격도 좋은 옷들 하나 둘 뽑혀 나와
옷걸이에서 내려지고
차곡차곡 접혀서 상자 안으로 들어간다

젊어서는 멋 내기 좋아했고
정장차림 좋아했고 어딜 가든 화려했다

그러나 이제는 명품도 싫고 비싼 옷도 싫다
그저 편한 옷 가벼운 것들
그런 것들이 좋다
이것이 나이 먹은 증거

무거운 것 못 들고 멀리 가는 여행 못가고
높은 구두 못 신어 삶의 무게처럼
무거운 것 버리리라 떠날 때는 가볍게
잊힐 때는 잊혀야지 야속하리만큼
그렇게 버리리라

## 부지런해라

해마다 봄이 되면
아버님 말씀
봄에는 부지런해라
때에 심지 않으면 소출이 적다
편한 것만 좋아하면 겨울이 춥다
계명처럼 채근하던 아버님말씀
봄에는 부지런해라

해마다 봄이 되면
아버님 말씀
젊어서 부지런해라
저축하지 않으면 늙어서 고생이다
돈으로 준비된 자는 노후가 복되다
귀 딱지 앉을 정도로 반복하신말씀
젊어서 부지런해라

## 베게의 사랑

장화 홍 령 전, 심청전
호랑이 담배 먹던 이야기
전래동화는 이야기샘물
밤이 깊도록 꿀맛 같았지

한 번을 들어도 열 번을 들어도
상벌의 즐거운 이야기
처음 듣는 것처럼
밤이 새도록 꿀맛 같았네

아버지의 팔 베게는 요술램프
부자도 되고 거지도 되네
아버지의 팔 베게는 양탄자
나래를 펴고 어디든 다니네

팔 베게의 사랑으로
나는 쑥 쑥 자라고
부모님은 멀리 떠나고
그리워라 아버지의 팔 베게

## 광양매화

어화 둥둥 봄바람 타고서
매화 보러 광양으로 날아갔네
홍쌍리 매실 가엔 꽃들의 노래
색색의 옷을 걸치고 춤도 추네

섬진강 물줄기는 찬란히 아름답고
백년을 노래해도 이어질 풍경
어 화 둥실 매화야 열흘은 붉을지니
노 세 노세 젊어 노세 늙어지면 못 노 나니
노래도 무색해라 강바람의 여울물결
바람 따라 왔으니 바람 따라 가리라

열흘은 아쉬워요 더 피고 싶어라
노 거목은 아쉬움에 꽃비 내리고
해님도 아쉬워 노을로 화답하고
생긋 웃는 초승달 내년을 기약 하네

## 시대적 오류

나는 개미라네 일 잘하는 개미라네
허리띠 졸라매고 모으기만 했네
보고 싶은 것도 안보고 재산 모았네
이제는 살만하다 싶은데 병이 찾아와
병원비로 돈 날리고 병실에서 사네

나는 베짱이라네 그늘 좋아하는 베짱이
노래하고 춤 주고 놀기만 했네
노래와 춤이 있으니 배고플 줄 알았네
그러나 오라는데 많고 부르는데 많아
돈 주고 밥 주네 재능 있다 칭찬 하네

추운겨울이 돌아와 집 필요해 돈필요해
베짱이가 개미에게 돈 빌릴 줄 알았는데
개미는 베짱이의 노래듣고 위로를 얻네
돈도 좋지만 놀 줄도 알아야지 베짱이의 위로
노는 것도 좋지만 돈을 모아야 노후가 좋지

개미의 성실함으로 사회는 발전이 되었고
베짱이의 노래로 마음은 평안을 얻었으니
개미도 베짱이도 많아지기 바라네
시대 따라 가치는 달라지지만 그래도
둘의 융합은 모두가 추구하는 이상이니까

## 희망 살리기

체력은 국력 몸이 튼튼해야
가정도 든든하고 나라도 튼튼한 법
몸이 아프고 약을 밥 삼아 먹는다면
가정도 무너지고 나라도 무너진다

아프고 무력하면 외롭고
절망은 호시탐탐 포기하길 바라
핑계와 변명으로 분열을
희망은 감사에서 펑펑 샘솟으니

한 끗 차이로 살기도 하고
한마디말로 죽기도 하니
마음을 붙들어라 흔들리지 않도록
마음을 흔들어라 붙들리지 않도록

절망을 희망으로 희망을 기쁨으로
기쁨을 나눔으로 나눔을 웃음으로
뭉치면 근거리 헤치면 원거리
희망은 근거리다 희망 살리기

## 농사를 지어보니

농사를 지어보니
땅은 겸손한자를 찾는다
하늘의 뜻을 헤아리고
땅 심 고 를 줄 알고
가진 것에 족할 줄 알며
급한 마음 버리고
노력한 대가에 감사하는
온유함 마음 가진 자를 찾는다
햇빛과 비와 바람주시는 신께 감사하며
요행을 바라지 않고 노력대로 살 때
땅은 아끼지 않고 풍성히 내어준다
이로서 도리를 알게 되니
농사는 지어볼일이다

농사를 지어보면 마음이 꿋꿋해진다
농사를 지어보면 마음이 겸손해진다
농사를 지어보면 인내를 배우게된다
농사를 지어보면 도리를 알게 된다

## 이렇게 좋은 것을

무엇을 주고도 미운 사람이 있는가 하면
주지도 않았는데 마음 가는 사람이 있다
마음 가는 사람에게는
무엇을 주고라도 그 마음을 사고 싶다
살며시 선물을 건네며 마음을 표시하니
세상에서 가장 기쁜 표정으로 좋아 한다
기뻐하는 모습을 보니 나 또한 기뻐서
다음에는 또 무엇을 줄까 고민 하게 된다

무엇을 주고도 미운사람에게
마음속에 미움을 풀고 싶어 관심을 가진다
떡 하나 장만하여 슬며시 내밀고 미소 주고
관심을 주려고 노력하니 풀어지는 미움
오른뺨 맞았으니 왼뺨도 대주며
힘들지만 마음을 높은 곳으로
내 의지로는 어려워 신의 사랑을 빌린다
마침내 미움이 풀리고 사랑이 되니
마음에는 환희가 노래되어 울린다

사랑과 미움은 종이 한 장 차이지만
마음으로 느끼는 것은 천국과 지옥이다
이제는 미움 없네 주고 싶은 마음만
이렇게 좋은 것을 힘들게 알았으니
이렇게 좋은 것을 늦게 사 알았네
좋은 사람 마음 얻고 미운마음 회복 되고
이렇게 좋은 것을 오늘이 행복이네

## 구두를 사러

신발장 안에는 모셔둔 구두가 반짝반짝
비싸고 예쁜 구두가 몇 켤레 있건만
그런 구두는 신지 못해 눈요기 구두이고
오래 걸으려면 발 편한 구두가 필요해서
나이든 지금은 재래시장으로 가고 있다네

가게에는 수많은 구두와 운동화가 있어도
내 눈에 드는 것은 딱 한 켤레
선택 받는 것도 딱 한 가지
한동안 만져보고 신어보고 고른 구두
보잘 것 없는 것 같은, 귀할 것 같지 않은
그러나
보기에 편해 보이고 신어보니 더 편해
가격도 착한 신발 예쁘기도 해라
귀중한 보석을 발견한 듯 소중히
발만 편하다면 또 다시 와야지
철따라 사야지 재래시장에서

# 5
## 바람 불어 좋은 날

# 3월의 바람과 불꽃

 정월이 가고 2월도 가고 3월이 오면 쟁기를 점검하여 농사 준비 한다 논을 갈아엎고 밭을 고른다 논보다 밭은 치울 것이 많다 지난해 심었던 그루터기가 많으면 갈퀴로 긁어모아 불을 놓는다 모아진 낙엽은 걱정이 없는데 논두렁밭두렁의 풀들은 불을 놓아야한다 불을 놓으면 풀이 뿌리까지 타고 풀에 숨어있던 병충이 죽기 때문이다 불을 놓으면 산으로 번질까봐 걱정이 되지만 벌레 죽는다니 놓을 수밖에 큰아버지는 밭두렁에 불을 놓았는데 그 불이 산으로 붙었다 소방차가오고 마을 회관 방송으로 동네사람 다 동원했다 산불 났다는 방송이 나가자 모두가 한마음 되어 불을 껐다

 불을 끄자 경찰관들이 큰아버지를 경찰서로 모셔가려 했다 소방차 출 동비 산 불 피해액을 산정하여 벌금 내야 한다고 했다 방화범이라는 소리에, 사시나무 떨 듯 몸을 부들부들 떨었고 벌금내야 한다는 소리에 충격 받아 쓰러진 큰아버지 자식들이 대신하여 벌금을 냈고 다시는 두렁 태우지 않겠다고 했다 해마다 3월이면 생각나는 사건으로 논두렁밭두렁은 대충 깍고 벌레나면 살충제로

약을 주었으며 그래도 안 되면 제초제로 농사도 힘들지만 관리는 더 힘들어 해마다 풀과의 씨름 이제는 농사지을 땅도 없지만 옛일만 생각하면 그것도 추억 일세 지금은 무사히 지나는 3월이 없을 정도로 매년 산불로 걱정이다 불도 안 나고 나무도 잘 지켜져 3월이 무사히 잘 지나갔으면 좋겠다

## 거울보기

외출을 하려면 거울을 보아야 한다
옷매무새 화장 머리모양들을 보아야한다
집에서 보는 내 거울은 너그럽고 온화하다
실수도 눈감아주고 잘못된 화장도 웃어주고

집 밖을 나서면 남의 거울이 보여 진다
사람과의 만남과 말에서 지적을 당한다
남의 눈과 입으로 보여지는 거울은 냉정하다
실수도 얼음장 같아서 상처를 남긴다

나의 거울은 매우 주관적이지만
남의 거울은 객관적이라 해석이 필요하다
행여 남의 거울로 마음이 상했다면
집에 와서 내 거울을 다시보자 그리고
주관적으로 해석하여 위로를 받자

세상사 어떠하든 나는 행복해야 하니까
가끔씩은 착각 속에 살아야 웃음이 나오고
마음도 너그러워지니까 내 거울 자주보자
비실비실 웃음이 나와도 나를 칭찬하자
쓰담쓰담 토닥토닥 나를 안아주자

## 귀소 본능

한 달에 한 번은
항렬로 모이는 종친모임이 있고

한 달에 한 번은
70세 이상 남자 종친모임이 있다

남편은
종친모임 가는 걸 고향 가듯 모임엘 간다
다녀오면 즐거워 미소가 가득하다

남편은
종친회가서 형제들 만나는 것이 가장 즐겁단다
다녀오면 근황을 알게 되어 즐겁고 부고장 받으면 슬프단다
잘된 소식 받으면 기쁘기도 하여 한 달에 한 번은 고향 가는 날

잃어버린 고향을 다녀오는 날 만남을 보장받는 종친 모임
갈 곳이 있어서 좋은 종친 모임 돌아갈 곳이 있어 좋은 모임

# 길가의 질경이

차들이 다니는 길모퉁이에
질경이 꽃 한 무더기 피어있다

가까이 가서 질경이를 보노라니
그 속에 친정엄마가 앉아 있다

"밥은 먹고 다니니?"
"몸은 건강하니?"

질경이속의 엄마는 환하게 웃는다
콧등이 시리게 눈물이 핑 돌며
엄마에게 안기고 싶다
학창시절 과거로 돌아가
엄마가 볶아주던 질경이나물 먹고 싶다

"엄마가 해준 나물 세상에서 제일 맛나요"
추억의 소환으로 한참을 앉아서
엄마와의 대화에 시간 가는 줄 몰랐다

# 나도 한 때는

목소리 우렁찼다.
자신감도 충만했다
행동도 싱싱했다

볼 때마다 힘이 넘쳤다
피곤함이란 몰랐다
배려 심 많았다

봉사 할 때는
천사 같았다
어른을 대할 땐
공경 심 많았다

나의 한때가 이랬다
나도 한때는 이랬다
그러나
이제는 옛말이 되었고
지금은
내 몸 하나건사하기도 힘들고
봉사는 남의 이야기가 되었다

## 나만의 기념일

매년 6월 12일은 결혼기념일이다.
올해로 48주년이 된다. 세월 참 빠르다
검은 머리 파뿌리 될 때까지 살겠노라고
기쁠 때나 슬플 때나 같이 있어 주겠노라고
아플 때나 건강할 때나 변함없이 사랑하겠노라고
새끼손가락 걸며 서약하던 때가 생각난다

매년 7월 22일은 내생일이다
복중의 여름 생일이라 잔치 해먹기는 어렵다고
그것은 옛말이고 지금은 아무 때나 좋은 때다
결혼기념일과 생일은 잊지 않고 기념 한다

케잌에 촛불 켜 기념하고 자식들과 밥도 먹고
내가 세상에 태어나 가장 소중한 날이기 때문이다
이 날이 없으면 나도 없고 남편도 못 만났으니
날 중에 좋은날 즐거이 기념할만한 날이다

여지껏도 즐겁게 잘 지내 왔으니 앞으로도
천국 가는 그날까지 잘 지내다가 부름 받았으면

살아있는 동안 득이 되는 사람 덕이 되는 사람 되길
발걸음은 복된 걸음으로 이로웠으면 좋겠다

나와 친했던 사람들의 기억 속에는 필요한사람으로
내가 속해있던 모임에서는 없어서는 안 될 사람으로
그렇게 기억되길 바라고 그렇게 기념되길 바래본다

# 3부작

1장 청년기
23살까지는 부모 그늘 밑에서
걱정 없이 미래를 꿈꾸며 살았던 시절
지나고 보니 부모님이 참으로 고마웠다네
바람 불고 추우면 울타리 되어 주셨던 부모님
그 부모님께 효도 못해 아쉽고 아쉬워라

2장 중년기
결혼하고 아이 낳고 나 보다는 가족을 위해
둥지를 꾸리고 지경을 넓혀가며 살았다네
시부모 공경 위해 포기해야 했던 것들
그것들마저도 즐겁게 감수하며 살았던 시간들이
효도라고 생각하여 즐거운 인생여정이었지

3장 노년기
자식들 결혼하니 사돈 생겨 좋기만 하네
손주들 생겨서 식구 느는 즐거움이 최고였다네
세월은 자꾸 흐르고 부모님도 저세상가시니
둘만 있는 시간이 쓸쓸함으로 산으로 쌓이는 시간
빈 둥우리 증후군은 가슴으로 스며드니

누구에게나 주어지는 시간이지만 열심으로
하늘을 우러러 칭찬받고 싶었다네
내가 남기는 분신들은 인생 최고의 걸작으로
자식들의 존경이라면 성공작으로 기억되길
이제는 죽음의 복 빌고 있다네 998833되기를
올 때도 조용히 왔으니 갈 때도 조용하길 기도 한다네

# 내 친구 명숙이
-2025년 5월 17일 수원 연화 장에서

1955년생 명숙이가 뇌종양으로 세상을 떠났다
1970년대 어려웠던 시절을 함께 지냈던 55년 지기 친구
만나면 서로를 챙기며 마음 주었다 아낌없이
세상 짐 대신 져도 무겁지 않았던 우리의 우정

또래의 친구가 많았지만 결혼은 내가 먼저 했다
그러나 하늘나라 티켓은 명숙이가 1번이다
누구라도 하늘 행 티켓은 받을 것이지만 눈물 나는 마음
아직도 10년은 더 살아도 되는 아쉬운 여정이다

우리나이71살은 한참인 나이여서
여행도 배움도 이제부터 즐길 것이었는데
인생2막을 준비했건만 수명은 여기까지로
무엇이 급하다고 표를 받았니?

화장한 유골은 수목 장 할거라 일단은 집으로
집에서 며칠은 쉬었다 먼 길 떠나라고 위로 한다
영혼의 본향 천국에서 살아도 좋겠지만

육신으로 세상에 있을 때만 할까?

장례식장에서 친구를 보내고 돌아선 발걸음이
시간이 지나도 현실이 아닌 것 같아
옛 추억 떠올리며 즐거웠던 시간을 떠 올려본다
그래, 그때는 그랬었지 그때는 즐거웠다

잘 가라 친구야 우리의 우정은 남을 것이야
시간이 아무리 지나도 기억에는 남을 것 이란다

## 똑똑 바보

　세상에서 나를, 가장 잘 아는 사람은 바로 나 자신이라고 생각하고 살고 있다 어느 때는 그 진실이 맞는다  그러나 어느 때는 나도 내가 나를 모르겠다 누구를 만나도 친해지는 것은 쉽다 그러다가 정이 들면 이별이 쉽게 안 된다 그 놈의 정이란 것이 나를 붙들고 있어서 쉽게 사람을 버리지 못한다 세월과 정은 비례가 되어 오래 사귄 사람일수록 빨리 내치지를 못해서 문제를 만든다 모임도 그렇다 모임에서 내가 무시당하는 것 같으면 빨리 정리하고 나오면 되는데 그중에 나를 좋아 하는 사람이 있다면  미적미적 모임에서 나오질 못한다 그렇게 뭉그적거리다가 피해를 본적이 있다 나는 왜 이 모양인가? 약삭빠르게 계산을 하고 살면 피해를 안 볼 텐데, 주기 좋아하고 배려하다보니 문제가 생겨도 품으려고 하여서 종장에서는 파경을 맞이하게 되는 것이다

　아! 나도 나를 모르겠다. 이런 나를 모르겠다 남이 나에게 피해 주기 전에 약은 계산하고 살았으면 좋겠다 그래서 손해 안보고 살았으면 좋겠다 내가 먼저 욕을 하고 살았으면 좋겠다 왜 나는 이 모양인가? 생각이 많아서 탈이고, 배려심이 많아서 탈이고, 양보해서 탈이다 세상

약게 살아보자 먼저 둘러보는 지혜를 가져보자 나는 나에게 별명을 주련다 똑똑한 것 같으면서도 바보 같은 사람, 너는 똑똑 바보란다 "똑똑 바보"

## 정주지 말자

　모임에서 마음 맞는 사람을 만났다. 마음이 가다보니 친해지게 되었다. 마음 가는 곳에 돈도 가고, 물질도 가서 오고가는 정이 날마다 산이 되었다. 그렇게 몇 년을 지내고 보니 오점이 보이기 시작했다. 그래서 거리를 두려고 조금씩 뒷걸음질 치었는데 그게 잘 안되었다.

　가까이 지내다 보니 그 사람은 돈을 빌려 달라 하였고, 집도 빌려달라고 했다. 세월과 정을 비례해 보니 그 사람과의 정이 든 세월 꽤 된 것 같다. 더 지내다가는 발목 잡힐 것 같아서 발 빼려 했는데 그 사람의 태도는 더욱 집요해졌다.
　복잡한 것이 싫어서 나도 태도를 분명히 했다. 그래서 우리는 갈라섰고 돌아 올 수 없는 강을 건넜다. 이렇게 마음 주고 정을 준 사람이 4명이나 된다.

　상처 받고 보니 각별히 지냈던 사람들이다. 그런데 그 각별함이 이별로 이어졌다. 원인은 나에게 있다. 내가 진작 선을 그었어야 했다. 그런데 모질지 못해서 질질 끌다가 가위질 못해서 만나고 싶지 않은 사람이 되어버렸다.

앞으로는 정주지 말자. 친한 사람 만들지 말자. 주고 싶어도 자제하며 살자. 조금만 친해지자. 사람이란 열 번 잘하고도 한번 잘못하면 그 한번은 나쁜 사람 된다. 그러니 한번만 잘해주고 9번은 모질게 살자. 그러다보면 상처 안 받겠지. 계산적으로 살자. 거리 두기란 참 좋은 것이다. 그걸 진작 알았어야했다.

## 목소리가 크다네

말이 통하는 사람과 대화 하다보면
시간 가는 줄 모르고 신이 난다.
무르익는 대화 속에서 나도 모르게
목소리가 커 질 때가 있다

소리가 크다고 자신을 자각 할 때면
소리를 줄이고 자분자분 말하게 된다
소리를 줄이면 상대는 알아차리고
나를 격려하며 칭찬 한다

"목소리가 크고 힘이 있어요"
"목소리 큰 사람 부러워요"

소리를 줄여보려 해도
그게 잘 안되어 샐쭉해 한 나를
자존심 살린다
기를 살린다
의욕 살린다

단점보다 장점을 살려
자신감 있는 인생 살고 싶다
누구에게든 좋은 인상 주고 싶다
어디에서든 필요한 사람 되고 싶다
소리로 전달 소통되어 영향력 되고 싶다

## 바람 불어 좋은 날

비오고 바람 불어도 오래전부터 약속한 여행
마음 맞는 사람들 34명이 정동진 바다를 찾았다
바다부채 길 걷노라니 바람에 날아갈 지경이었고
검푸른바다는 파도를 몰아세우고 거칠게 밀려왔다

문인에게는 바람도 친구이고 파도는 글짓기소재라
10리길도 멀다않고 수다는 계속 되었다네
너울너울 파도는 산처럼 밀려왔고
바위에 부서지는 파도 포말은 빙수 같았네

아무래도 좋은 날 바람 불어 좋은 날
비와도 좋은 날 친구 많아 좋은 날
근심 걱정 바다에 던져라 깨끗이 없어지게
어긋난 사람관계 파도에게 맡기자

멀고 먼 길 수 천리 차를 타고 왔으니
잡념도 생각도 바다에게 주고 가련다
나쁜 일은 모두 다 잊어버리고 상큼하게
좋은 일은 나누며 보듬어서 다시나아가게

## 얼마를 더 살아야

활달하고
감성적이고
배려 심 많은
나는 상처투성이

무심하고
감성 없고
자신만 아는
그대는 뚝심쟁이

본받고 싶어라
그대의 뚝심
닮고 싶어라
그대의 무관심

얼마를 더 살아야
예수님 될까?
얼마를 더 살아야
부처가 될까?

## 새들의 새벽

태양이 지력을 끌어 모아
발 돋음 할 때
지구는 추워 진다
지력이 흔들리는 민감한 반응을
새들은 알아차리고 새벽을 연다

푸드득 푸드득 푸드득 푸드득
날개 짓에 새들은 잠이 깨고
텔레파시 맞은 듯 일제히 날아
하늘 높이 오르니 먹을 것이 보여
약속처럼 한곳으로 집결 한다

태양이 어둠을 걷기 전에
혼신을 다하여  열심히 먹으며
본능적 마무리 높이 날아 오른다
사방은 밝은 빛으로 찬란하다

일찍 나는 새가 모이를 먹는다
높이 나는 새가 모이를 먹는다
새들의 운명은 본인의 노력으로

새끼를 기르고 대를 이어 가나니
날개를 움직여라 살아있는 한
힘 있는 자만이 먹고 마시는
기쁨이 있다는 사실 잊지 마라

## 자기자랑대회

어느 소모임엘 참석했는데
그 모임은 신입 회원 소개 할 때마다
자랑 한 가지씩 듣고 시작했다
10명의 회원들은 그 자랑을 열심히 들었다
신입회원은 자신만만하게 재미있게 자랑했다
처음에는 어색했는데 모일 때마다 신입 자랑을 들으니
자존감 높아지고 기분 좋아졌다

그래서 내자랑 한마디 요약해보자니
나는 명랑쾌활하고 긍정의 아이콘입니다
정이 많고 배려심이 많고 눈물도 많지요
오지랖이 넓어 잘 섬기고 양보도 잘해요
주기 좋아하고 기념일도 잘 챙깁니다 그리고 글을 씁니다
또한 단점보다는 장점이 훨씬 많은 사람입니다

내 자랑 겸 소개가 끝나자 박수가 쏟아지고
나를 향한 시선이 따뜻한 걸 느꼈다
사람을 만나면 서로를 알기 전까지는

시간이 걸리므로 그 시간을 단축시키는
자랑 겸 자기소개는 좋은 시간 이었다

이런 일은 자주 있었으면 좋겠다
남 험담하기 좋아하는 세상에
자랑과 칭찬을 겸하는 모임이 있다니
잘 왔다는 생각으로 기분이 우 쭈쭈
칭찬은 내 자신에게 날개를 다는 효과로
훨 훨 훨 이동하는 나비효과를 만들었다

## 자화상

자 - 자신 있게 살아온 인생입니다
화 - 화려한때도 있었고 수수한때도 있었습니다.
상 - 상큼 발랄한 젊음은 어느덧 가고 이제는 노년기에 접어 들고 있습니다.

자 - 자랑스러운 부모가 되기 위해
화 - 화마 같은 어려움 속에서도 견디었습니다
상 - 상황도 중요했지만 의지가 더 중요했습니다.

자 - 자신이 행복해야 남을 위할 수 있지요
화 - 화사한 미소로 남을 대할 때 복이 들어온답니다.
상 - 상냥한 말투는 더욱 필요하답니다.

자 - 자기를 알아야 겸손해집니다.
화 - 화려한 말솜씨는 중요하지 않습니다.
상 - 상대를 배려하는 마음이 화목해지는 비결이지요.

# 지나고 보니

오늘보다 어제가
오늘보다 그제가
오늘보다
그 그저께가 좋았던 것 같다

오늘보다 일 년 전이
오늘보다 10년 전이
오늘보다
30년 전이 좋았던 것 같다


현재보다
과거가 좋다고 생각드니
나도 나이 먹는가 보다
추억은
언제고 좋은 기억인가보다

## 흔들려보자

봄이 지나고 여름이 오는데
비도자주오고 바람이 많이 분다
바람이 부니 나뭇가지가 흔들린다
흔들리는 가지는
바람이 불지 않기 바랄 수도 있겠으나
바람은 누구의 사정도 헤아리지 않는다
부여받은 사명을 감당하느라
그저 사정없이 불어 댈 뿐이다
나는 바람에 맞설 기운도 없고
맞서서 바람재울 능력도 없어서
그저 흔들릴 뿐이다
흔들리다보니 노래도 나오고
흔들리다보니 세상이 바로 보이고
흔들리다보니 겸손해진다
아! 세상사 세울지마다
그래 흔들려보자
바람아 불어라 흔들릴게다
그러다보니 꽃도 피고
그러다 보니 열매도 맺고
그러다보니 낙엽도 되네
세상사 재미난 것 이로다

# 가족 사진

 복중의 더위는 견디기 참 어렵다. 그래도 살아야하니 방법을 찾아 애쓰고 있다. 땀이 너무 나니 지친다. 어느 날, 열사병같이 힘들어 자리에서 못 일어날 때 벽에 걸린 사진이 눈에 들어왔다. 사진 속에 자식들이 힘내라고 하는 것 같다.
 "어머니 힘내세요!"
 "엄마 힘내요!"
 아들과 딸의 음성이 들리는 듯하다
 그 음성으로 힘을 내본다. 사진 속에는 딸네 가족만 있다. 아들이 일본가기 전, 모두같이 찍고 싶었는데 사진가격이 백오십만원이라 비싸서 못 찍었더니 한이 되었다. 아들은 일본에서 언제 올지 기약은 없고 사진은 찍고 싶어서 할 수 없이 딸네와 찍었다. 저 사진을 아들이 보면 서운해 할 텐데. 언젠가 아들네가 모두 귀국하면 그때 다시 찍어야지.
 아무도 없는 방, 사진을 많이 붙여 놓는다. 그러면 방안에 아이들이 있는 것 같다. 사진을 보며 말을 걸어본다. 나만의 대화 방식이다. 오늘은 더위가 한풀 꺽 인 느낌이다. 사진속의 아들에게, 딸에게 말을 건넨다.
 "애들아 무더위 잘 견뎌냈구나. 조금 더 견뎌보자. 좋은 때 오지 않겠니?"